AF293615

Sylvie Zen'ial

Mes Po'Aime's

Préface

Ce recueil de poèmes a été réalisé pour la création d'un one-woman-show, il permet de montrer par tous les moments où je suis passée. Bien évidemment, certains appartiennent au passé, ils corroborent les moments les plus tristes et compliqués de ma vie. Il a fallu chercher dans mon intériorité pour faire ressortir la douleur afin d'en émaner des poèmes dans la douceur.

Cela m'a amenée, bien sûr encore, à des nettoyages et des moments de doute, car il n'est pas facile de retourner dans un passé que l'on veut effacer et que l'on a effacé. Il a été bon pour moi de vous révéler toutes ces étapes et je suis sûre, encore une fois, que ces poèmes vous parleront dans vos vécus souvent similaires au mien.

Mais ce qui en découle et ce qu'il faut voir, c'est la positivité qui en émane, se dire encore une fois que l'on peut se sortir de tout et qu'il faut savoir désacraliser chaque moment vécu.

Ce n'était pas dans mon envie à la base de faire ce recueil, mais comme tout ce que j'ai pu créer depuis plusieurs années, on m'a suggéré de le faire et je remercie vivement cette personne qui m'en a donné l'idée.

Mon histoire n'est pas celle de tout le monde. Je le sais. Je l'ai vue naître, tanguer, s'effondrer.

Elle danse aux ombres, elle brûle les secondes. Mais souviens-toi, c'est moi qui les compte.

Mon présent porte les marques du passé. Tant d'autres auraient lâché prise, cédé.

Mais toi, tu es là, debout, insolente, Rien ne t'abat, pas même le vent. On va montrer qu'on peut renaître. Oui, on va leur prouver que tomber n'est pas mourir, Que chaque chute façonne l'être, que la douleur peut nous apprendre à en rire.

Je me penche sur moi, sans faillir. Et moi, je m'observe, je m'accompagne. Les cicatrices s'adoucissent sous le temps, elles ne sont plus des chaînes, juste des pages.

Je vais plutôt bien, avec ses blessures, c'est certain, mais il y a toujours un cap, une fin. Chaque coup porté n'a fait que bâtir celle que je suis devenue, sans plus fuir devant l'adversité.

Et toi, cerveau lent, merci pourtant... Je t'ai pourtant souvent ralenti pour te faire comprendre, Chaque détour était une leçon à déchiffrer. Je t'ai forgé dans l'épreuve, dans l'attente, Car la force ne naît pas dans l'aisance. Je suis ce que je suis, forte et entière. Grâce aux larmes, aux nuits brisées, grâce à moi, à nous, à ce combat.

Regarde autour... Tu es toujours là.

Alors j'écris, je mets en vers... Oui, mettre des mots sur ce qu'on a traversé, que chaque pas, chaque nuit, chaque enfer soit la preuve qu'on a su avancer. Car l'évolution est un combat.

Mais regarde-moi... je suis là.

Les poèmes, dans l'avancée de ma vie vont de l'ombre à la Lumière.

Belle lecture…

Qui a le droit ?

Pourquoi tant d'ignorance ?
Qui dérobe l'enfance.
Pourquoi tant d'incompétence ?
Quand il suffirait de clémence.

Mais qui a le droit, dis-moi,
D'ignorer leurs voix ?
Pourquoi tant de malheurs,
Brisant des cœurs sans douceur.

Pourquoi détourner les yeux ?
Quand l'innocence pleure sous les cieux ?
Mais qui a le droit, dis-moi,
D'effacer leur joie ?

Pourquoi tant
d'agonie ?
Étouffant chaque
harmonie.
Pourquoi semer de
mauvais gestes,
Au lieu d'apprendre
des mots honnêtes ?

Mais qui a le droit,
dis-moi,
D'éteindre leur foi ?
Pourquoi tant de désespoir ?
Quand ils ne demandent qu'à y croire.

Pourquoi tant de haine insensée ?
À chaque injustice lancée ?
Mais qui a le droit, dis-moi,
De leur voler l'éclat ?

Pourquoi leur arracher l'innocence ?
Les priver de chance.
Pourquoi des adultes sans conscience,
Fuient la vérité par négligence ?

Mais qui a le droit, dis-moi,
D'écrire ce froid-là ?
Pourquoi tant de souffrances,
Quand il suffirait de la connaissance ?

Et devant tant d'ignorance,
Nait enfin ce cri d'espérance.
Qui a le droit d'oublier,
Que les enfants ont des droits sacrés ?
Qui a le droit d'enlever,
Leur enfance qu'on doit protéger ?

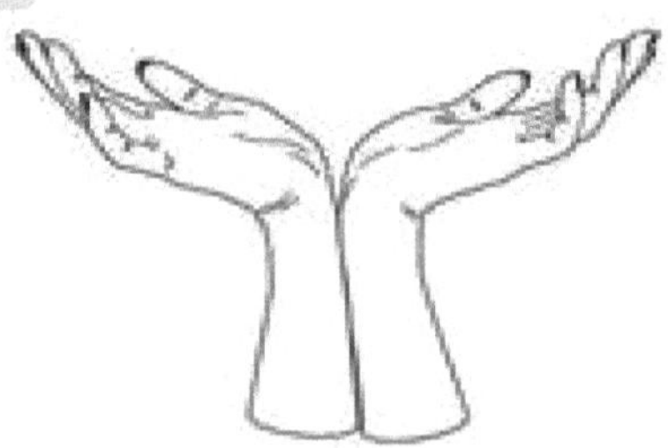

Poings levés

Poings levés, cœur acéré,
Des cris, des coups, des vérités balancées,
Escalader des montagnes d'injustices,
Tant de conflits à régler, tant de cicatrices.

Comprendre, apprendre, tomber, recommencer,
Exaspérée, parfois vidée,
L'innocence d'enfance effacée,
Trop souvent incomprise, à jamais marquée.

Mais à force, les leçons gravent la peau,
Même surprise par le poids des mots,
Par le mépris craché sans détour,
Il faut se battre, encore et toujours.

Lever la tête, briser le ciel noir,
Voir la lumière, en faire un espoir,
Se donner la force, même à genoux,
Tirer de l'ombre un dernier rendez-vous.

Encore une fois, sortir du lit,
Murmurer : « j'ai tenu, j'ai survécu ici »,
Se féliciter, malgré les larmes, malgré les nuits,
Bravo, félicitations, mais à quel prix !

À quelle déraison, à quelle folie,
Chaque obstacle vaincu laisse une cicatrice,
Mais dans le miroir, entre rage et survie,
On devine un sourire, fragile et authentique.

Poings levés, cœur acéré,
Et même si demain vacille ou disparaît,
On aura su hurler la vérité,
À pleine voix, à pleine liberté.

Avec passion j'ai créé, j'ai brisé des murs,
Et j'en ai reconstruit d'autres, bien plus durs,
Mais à quel prix, bandes d'abrutis,
À quel sang versé, à quelle nuit sans vie.

Voir plus loin, dans un avenir incertain,
Mes pas claquent, mes poings tracent le chemin,
Quelle distance parcourue, quelle folie,
Tu crois que je suis foutue ?
Non ! je me relève, je défie l'infini.
Sans peur, sans haine,
Je crache le feu, je déchaîne,
Je brandis le drapeau de ma guérison,
Une victoire arrachée sans permission.

Plus forte que vos silences,
Plus vraie que vos absences,
Chaque cicatrice est une signature,
Gravée dans la pierre, dans la brisure.

Et si demain vacille encore,
Si l'horizon s'habille de discorde,
Je danserai sur vos ruines,
Le cœur tatoué de mes propres épines.

Poings levés, voix brisée mais vivante,
Je suis celle qui avance, brûlante,
Et même seule au milieu des ombres,

Je resterai lumière qui inonde.

Car j'ai créé, j'ai détruit,
Et j'ai recommencé cent fois,
Mais toujours, je suis là,
Et ça, c'est ma plus belle loi.

J'ai peur des hommes

J'ai peur des hommes,
Mais tu m'étonnes,
J'ai peur des hommes, Je te l'ai dit,
Sous leurs atomes.

Ah oui, c'est ça la vie. J'ai peur des cris,
Des choses qui claquent,
Ça m'a surpris,
Je préfère plonger dans une flaque.

J'ai peur des mains,
Près de mon visage,
C'est certain,
Tout ça n'est pas de mon âge.

J'ai peur des photos,
Qu'on me trouve belle,
Espèce de sot,
Ne coupe pas mes ailes.

J'ai peur de son rire,
Il sonne faux,
Je veux m'enfuir,
Loin de ce bourreau.

J'ai peur de son sexe,
Quel sale dégueulasse,
Qu'il voit ses ex,
Qu'il me lâche et me fasse grâce.

J'ai peur de son ombre,
Elle me hante,
Tout en moi sombre,
Mon âme déchante.

J'ai peur de ses vices,
Ça me glace,
Encore complice,
Il mériterait qu'on lui crache à la face.

J'ai peur et je crie,
Mon innocence en pleurs,
Mais toi, tu t'en fiches aussi,
Espèce de con, sale abruti.

Tu ne vois donc pas que je ne suis,
Qu'une enfant trahie ?
Mais aujourd'hui, je n'ai plus peur,
Je reprends vie, j'écrase ta noirceur.

J'ai la force,
Tu es balayé,
Sous ton écorce,
Rien qu'un lâche démasqué.

Louve Indomptable

Je suis la force, je suis l'éclair,
L'âme qui renaît dans l'univers,
Foi en mon être, foi de ma voix,
Un feu sacré guidant mes pas.

Gentillesse en moi, mais point de
faiblesse,
Mon cœur danse en pleine allégresse,
Dévouée au vrai, aux âmes profondes,
Captant l'essence, captant le monde.

Parfois pamoison, parfois tempête,
Mais chaque frisson me tient en alerte,
Exaltation dans chaque instant,
Louve insoumise, marchant devant.

J'assume mon ombre, j'assure ma flamme,
Aimant sans chaînes, brûlant mon âme,
Mon magnétisme est mon éclat,
Magnétique, on me voit déjà.

L'inarrêtable,
l'inaltérable,
Libre et fière,
Je suis l'indomptable.

Les secrets familiaux

Ils ont le dos large, les secrets anciens,
Portés par les murs, murmurés sans fin,
Ils rampent sous les tables, se glissent sous la peau,
Et tissent en silence des silences pas beaux.

Ils sentent la poussière et l'ombre des greniers,
Des phrases incomplètes, des larmes oubliées,
Ils dorment dans les gestes, dans les non-dits
feutrés,
Et dressent des barrières entre les vérités.

Chaque sourire cache une brèche, une fêlure,
Chaque repas de fête dissimule une blessure,
Et les enfants grandissent à l'ombre de ces mots,
Qu'on ne prononce jamais, mais qui pèsent si
gros.

Les secrets familiaux ont de bons dos solides,
Ils portent la honte, les amours intrépides,
Les colères enfouies sous la nappe repassée,
Et les fantômes blêmes que nul n'a confessé.

Que faire de ces ombres qui hantent les veillées,
Les dire, les hurler, ou bien les enfermer ?
Mais la mémoire est sourde et la vérité nue,
Et parfois le silence est tout ce qu'on a pu.

Alors ils restent là, plantés dans les ventres,
Secrets aux dos larges, secrets aux cœurs d'encre,
Et les générations marchent dans leurs pas,
Sans savoir pourquoi le ciel tombe parfois.

Si douloureuse soit-elle

Si douloureuse soit-elle,
Ma vie tournoie au gré d'elle,
J'ai senti dans mon dos,
comme un souffle venu d'en haut.

Des ailes d'ange s'élever,
Lavées dans le Gange, prêtes à voler.

Qu'il est bon d'écarter les
ombres et les félons,
De libérer ces secrets longtemps
enterrés,
Il a fallu du temps,
Toucher du doigt le firmament.

Pour enfin comprendre,
Et laisser la vie m'apprendre,
Que tout s'efface,
Quand on renaît à sa juste place.

Cabossée, même brisée, perdue,
mais retrouvée,
Oui, j'en ai bavé,
Mais aujourd'hui, le sourire vissé
sur mes lèvres,
Je respire enfin sans trêve.

C'était dur, mais j'ai dompté les
blessures,

Je suis là avec mes doutes, mes hauts, mes bas,
J'avance, parfois vacillante, en transe,
Parfois rampante comme un lombric,
C'est là tout le hic.

Mais toujours, je me relève,
Je signe la trêve,
Je lève les yeux,
Car je ne suis pas née pour être à genoux sous les cieux.

Et brandissant mes victoires d'un pas dansant,
Sans cicatrices sur mes veines,
J'ai effacé la haine,
Merci à la vie, Merci à mes folies.

Passer à côté

Chaque matin, encore les mêmes murs,
Une routine qui me rend sourde,
J'suis enfermée dans un monde trop gris,
Mais au fond de moi, j'veux l'incendie !

Les rêves qu'on repousse, les chaînes qu'on traîne,
Les "fais pas ça", les "c'est trop risqué",
Si demain tout devait s'arrêter ?
Est-ce que j'aurais vécu ou juste regardé ?

J'veux pas passer à côté de ma vie,
Attendre un jour qui ne viendra pas !
Briser les murs, brûler l'ennui,
Et sentir enfin l'orage en moi !

La peur du vide, la peur des autres,
M'ont gardé trop longtemps sous leur
contrôle,
Mais si j'me jette pas, si j'fais pas le saut,
J'resterai qu'une ombre dans un tableau !

Il est encore temps de sauter,
D'envoyer valser les regrets !
La vie m'appelle, elle attend que moi,
Que je fasse le pas…

C

Je me suis relevée

J'ai tant perdu, tant pleuré,
Sous le poids d'un monde brisé,
Auriez-vous su vous relever,
Vous, humains désenchantés ?

J'ai traversé l'absurde,
La violence, la perversité,
Les ombres d'une humanité,
Prête à broyer l'innocence.

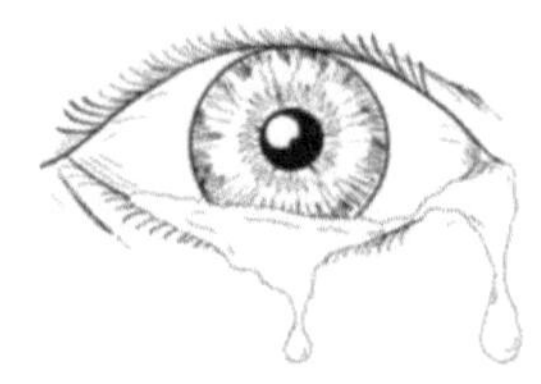

J'ai connu la méchanceté,
L'agressivité, l'obscénité,
L'indifférence d'un regard,
Qui dévore sans jamais voir.

J'ai vécu l'étrangeté,
L'inintelligence, la soumission,
L'écho sourd de la machination,
La froideur de la dégradation.

Ils ont tenté de m'anéantir,
D'effacer jusqu'à mon essence,
De me réduire à l'impuissance,
De faire taire mon avenir.

Je me suis relevée,
De mes cendres, j'ai refait ma peau,
Rebâti chaque morceau,
Tissé ma lumière dans les maux.

Je suis la preuve que l'on survit,
Que l'ombre plie mais ne détruit,
Que l'âme brisée peut s'élever,
Que l'on peut naître, après être tombé.

Et renaître de ce qui a été brisé,
De l'innocence désabusée,
D'un passé malin pour un futur réinventé,
Mais…

Ombre, Lumière

Dans l'ombre hier, lumière aujourd'hui,
Chaque épreuve m'a forgé, m'a appris,
Le passé n'est plus qu'un livre ouvert,
Dont chaque page éclaire l'univers.

J'avance fière, sans peur ni chaîne,
Le cœur en paix, loin de la haine,
La force en moi, un feu sacré,
Brûlant les doutes, prête à briller.

Pourquoi jalouser quand tout s'obtient,
À force d'aimer, de croire en demain ?
Prenez la main, semez l'espoir,
Le positif mène à la victoire.

Enfin terminé, tous ces textes,
Qui ramenaient à mon passé,
Aujourd'hui, si je désacralise,
C'est pour montrer qu'on y arrive.

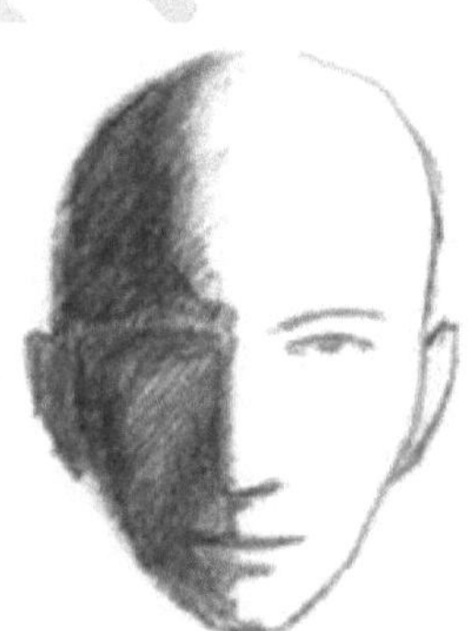

La positivité, c'est de nettoyer,
De comprendre chaque chemin,
D'en faire un seul, l'âme apaisée,
Suivre sa route, tracer son destin.

Je vis aujourd'hui l'allégresse,
Là où parfois tout nous agresse,
Mais en moi brille une force,
Solide et fière, telle une écorce.

Alors prenez, au lieu d'envier,
Cultivez plutôt l'envie d'aimer,
Car chaque épreuve est un levier,
Vers un avenir à illuminer.

Briller sans crainte

Je me libère des jugements,
Car aujourd'hui, je veux briller fièrement,
Si cela te dérange un instant,
Peut-être éclaire-t-il ton propre chemin.

Je suis un ange, une étoile filante,
Descendue du ciel, douce et vibrante,
Je suis lumière, je suis flamme,
Je déploie mes ailes, je chante mon âme.

Je suis l'ombre qui guide en douceur,
Lorsque la nuit voile ton cœur,
Je suis la magie, l'éveil, l'espoir,
Là où tu hésites encore à croire.

Je suis vivante, forte et libre,
Mon énergie danse et vibre,
Je suis vaillante, audacieuse,
Je transforme le doute en mère veilleuse.

Je brille, et toi, scintille, Car chaque être à son
éclat fragile,
Regarde en toi, trouve ta lueur,
Laisse-la éclore, sans peur ni rancœur.

Je suis danse, mouvement fluide,
Un art qui jamais ne se vide,
Je suis élégance, grâce et force,
Un corps qui vibre, un pas précoce.

Alors, avançons, éclairons nos voies,
Car chacun porte en lui une lumière, une voix.

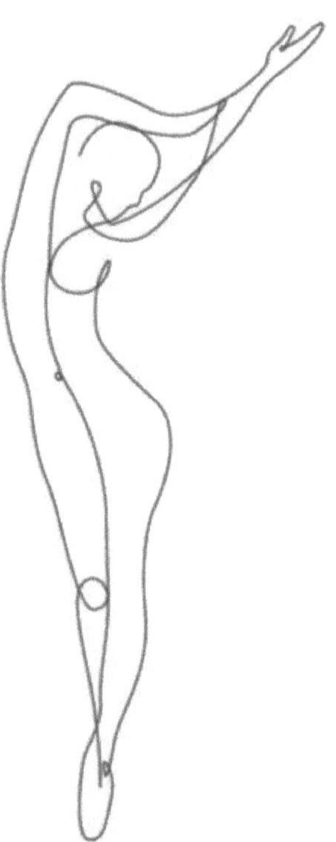

Rétrospective

Mon histoire n'est pas celle de tout le monde.
Je sais, je l'ai vue naître, tanguer, s'effondrer,
Elle danse aux ombres, elle brûle les secondes,
Mais souviens-toi, c'est moi qui les compte.

Mon présent porte les marques du passé,
Tant d'autres auraient lâché prise, cédé,
Mais toi, tu es là, debout, insolente,
Rien ne t'abat, pas même le vent.

On va montrer qu'on peut renaître.
Oui, on va leur prouver que tomber n'est pas mourir,
Que chaque chute façonne l'être,
Que la douleur peut apprendre à rire.

Je me penche sur moi, sans faillir.
Et moi, je t'observe, je t'accompagne,
Les cicatrices s'adoucissent
sous le temps,
Elles ne sont plus des chaînes,
juste des pages.

Je vais plutôt bien, c'est
certain.
Avec des blessures, mais un
cap, une fin,
Chaque coup porté n'a fait
que bâtir,
Celui que tu deviens, sans plus fuir.

Et toi, cerveau lent, merci pourtant...
Je t'ai ralenti pour te faire comprendre,
Chaque détour était une leçon à prendre,
Je t'ai forgé dans l'épreuve, dans l'attente.

Car la force ne naît pas dans l'aisance,
Je suis ce que je suis, forte et entière,
Grâce aux larmes, aux nuits brisées,
Grâce à moi, à nous, à ce combat.

Regarde autour... Tu es toujours là,
Alors j'écris, je mets en vers...
Oui, mets des mots sur ce qu'on a traversé,
Que chaque pas, chaque nuit, chaque enfer.

Soit la preuve qu'on a su avancer,
Car l'évolution est un combat,
Mais regarde-toi...
Tu es là.

Pensées

Toi, cerveau sans bras, que fais-tu donc là ?
À scruter sans dire, à peser sans voix,
Quand je cherche un cap, une lueur, un chemin,
Mais que tu hésites à me tendre la main.

Tu analyses, tu tournes, tu freines, tu fais,
Quand mon cœur vacille et mon âme se tait,
Et pourtant je sens, dans l'ombre, en dedans,
Que mon subconscient me porte en avant.

Ce conscient pressant, ce con chiant parfois,
Qui doute, qui freine, qui s'égare et ploie,
Mais viendra l'instant, l'éveil, la lueur,
Où tout fera sens, en temps et en heure.

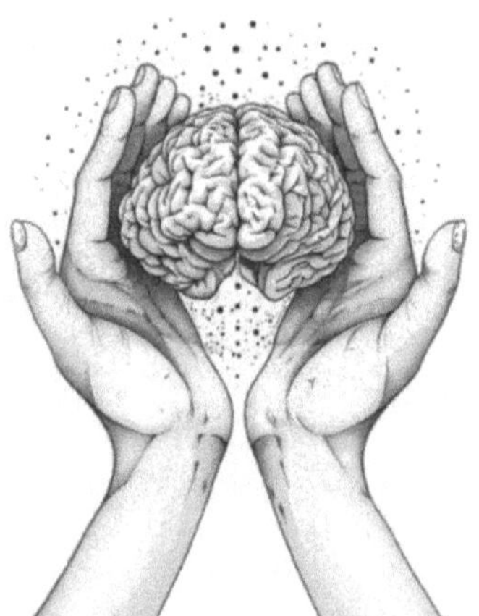

Être entier

Être entier avant d'aimer,
Écouter son cœur se réparer.
Éviter l'élan trop léger,
Et laisser le temps s'épurer.

Égaré dans des bras pressés,
Éphémère, le lien se défait,
Éclats d'âmes mal apaisées,
Écho de peines inachevées.

Étrange danse des cœurs usés,
Évincés avant d'exister,
Éveil tardif à la clarté,
Éternel amour espéré.

Écouter l'ombre du passé,
Éviter d'aimer pour panser,
Éclaircir les maux oubliés,
Et s'élever sans se hâter.

Ériger des forces apaisées,
Éloigner les doutes fanés,
Épanoui, enfin libéré,
Écrire un amour mérité.

Étreindre sans peur ni regret,
Épris d'un feu réinventé,

Équilibre doux à aimer,
Évidence d'âmes réparées.

Éveillé d'un souffle sacré,
Épuré, prêt à s'envoler,
Écho d'un cœur réinventé,
Élan vibrant, intensité.

Éclats de joie à partager,
Éperdu sans peur d'aimer,
Éternité dans un baiser,
Ébloui d'un feu enchanté.

C'est comme cela qu'on peut « re » aimer,
Et se redonner l'envie d'être exalté.

Entièrement Moi, Entièrement Toi

Je suis entière, je veux offrir,
Sans retenue, sans me trahir,
Mais quand l'élan vient à faiblir,
Mon cœur hésite, prêt à fléchir.

Tout donner, c'est tout vibrer,
Sans faux-semblants, sans me cacher,
Mais si l'ombre freine mon pas,
Ma voix vacille et perd son éclat.

L'autre ignore, ne devine pas,
Mais moi, je sens ce qui me va,
Ce feu ardent, prêt à brûler,
Se heurte aux murs du trop oser.

Alors, je lutte avec le vent,
Entre l'élan et le tourment,
À demi-moi, à demi-tien,
En quête d'un souffle qui me tient.

Être entier, c'est une prouesse,
Un brasier vif, une ivresse,
C'est avancer sans hésiter,
Oser aimer, se dévoiler.
Mais si l'élan devient blessure,
Si l'ombre étouffe l'aventure,
L'âme vacille et se déchire,
Comme un écho qu'on ne peut dire.

L'entièreté ne se mesure,
Elle est torrent, éclat, brûlure,
Et quand elle nous échappe enfin,
On se déguise en demi-rien.

Hyper - Hypo

Ah oui, mon énergie vous dérange ?
Mais sachez que je suis bien plus qu'un ange.
Moi l'hyper,
Vous les zippos.

Je suis hyper géniale,
Et vous hypo bancale,
Hyper intellectuelle,
Et vous hyper contextuel.

Hyper rigolote,
Et vous hypo blairotte,
Hyper créative,
Et vous hypo passive.

Hyper éclatante,
Et vous hypo rampante,
Hyper audacieuse,
Et vous hypo peureuse.

Hyper sincère,
Et vous hypo vulgaire,
Hyper rêveuse,
Et vous hypo envieuse.

Hyper brillante,
Et vous hypo hésitante,
Hyper tranchante,
Et vous hypo fuyante.

Hyper rebelle,
Et vous hypo ficelle,
Hyper ardente,
Et vous hypo absente.

Hyper loyale,
Et vous hypo banale,
Hyper cool,
Et vous hypo poule.

Hyper sportive,
Et vous hypo vomitive,
Hyper cuisinière,
Et vous hypo glacière.

Hyper sensuelle,
Et vous hypo écuelle,
Hyper forte,
Et vous hypo cloporte.

Hyper bien,
Et vous hypo chien,
Hyper féminine,
Et vous hypo tétine.

Hyper généreuse,
Et vous hypo crâneuse,
Hyper vigilante,
Et vous hypo chiante,
Hyper altruiste,
Et vous hypo triste.

Et vous les hypo,
Restez donc dans vos cases,
Moi je suis hyper,
Et je vous emm…

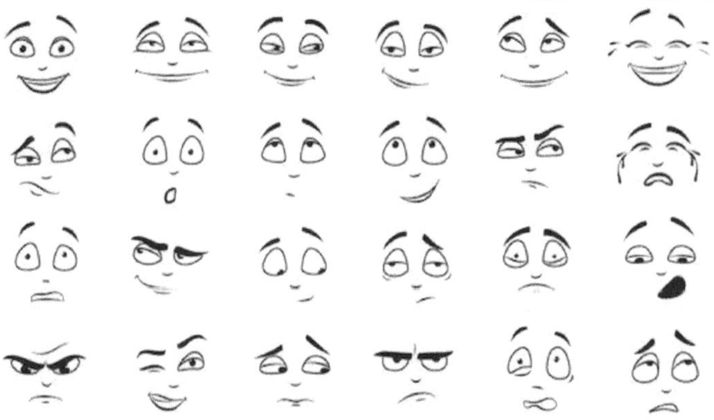

L'éveil de soi

Lutter contre l'adversité,
On voulait briser ma fierté,
M'imposer calme et nullité,
Mais sous l'écorce, dans le secret,
Brûlait la flamme d'une clarté.

On me croyait un peu fragile,
Perdue, étrange, inutile,
Mais j'étais vive et indocile,
Libre, affûtée, presque hostile.

Un QI trop haut pour leur regard,
Trop différent, trop en retard,
Ou bien trop tôt, un coup de phare,
Un feu qui trouble et fend le noir.

Ils m'ont pensé dans l'ignorance,
Mais je brandissais la science,
Non celle apprise en déférence,
Mais celle qui naît de l'essence.

Un autre monde en perception,
Une autre foi, une vision,
Non pas bornée d'explication,
Mais vaste, pure, en élévation.

Brise tes chaînes et vois plus loin,
Sors des prisons de ton destin,
Réveille-toi, prends ton essor,
Ne crains plus l'ombre ni l'effort.

Car l'heure approche où tout éclate,
Où l'être en toi se réincarne,
Laisse la vie être ton phare,
Ouvre tes yeux, sois ton départ.

L'éveil n'est pas un feu docile,
Il souffle, il brûle, il rend fragile,
Il écorche avant d'illuminer,
Il fait douter avant d'aimer.

Au fond de toi, tout se bouscule,
Les certitudes capitulent,
Les murs se fendent, tombent en
cendres,
Les illusions cessent de te vendre.
Alors tu vois, tu ressens mieux,
Les liens cachés entre les cieux,
L'écho du temps dans la matière,
L'ombre et la lumière en prière.

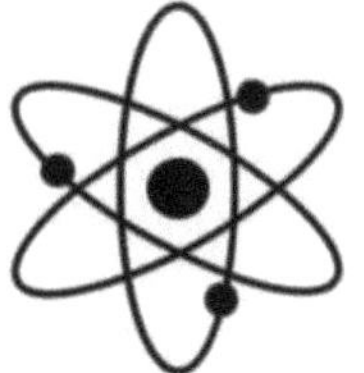

Tu n'es plus seule, tu es le Tout,
Chaque atome danse en rendez-vous,
Chaque pensée sculpte l'univers,
Chaque regard écrit l'éther.

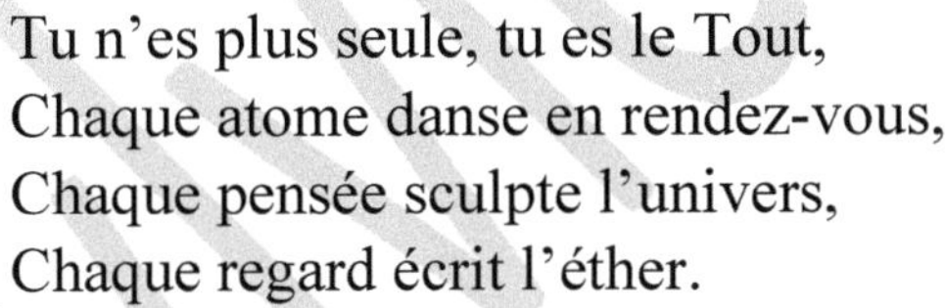

Et plus tu montes, plus tu plonges,
Loin du néant, proche de l'onde,
Tu bois le ciel, tu bois la terre,
Tu deviens vent, feu et lumière.

Mais l'éveil n'est pas une fin,
C'est un voyage, un long chemin,

Une ascension, un grand vestige,
Un art sacré, un doux vertige.

Ne crains plus rien, avance encore,
Danse au milieu des métaphores,
Car chaque pas que tu franchiras
Te ramènera vers ton éclat.

Les fous rires

Les fous rires, n'ont plus de soupirs,
Heureusement qu'ils savent fleurir,
Ils chassent l'ombre et les douleurs,
Et pansent nos cœurs de mille couleurs.

Ils guérissent nos blessures profondes,
Effacent le temps et les secondes,
Un, deux, trois… tout disparaît,
Le passé s'éloigne et s'efface à jamais.

J'aime sourire et stopper le pire,
Réparer chaque instant à reconstruire,
Douce harmonie, douce mélodie,
Je chante, j'enchante, je vis.

Face aux aigris noyés d'ennuis,
Moi, je rigole et je m'enfuis,
Je virevolte, voltige et danse,
Quand d'autres reculent en silence.

J'ai suturé chaque blessure,
Recousu chaque fissure,
Et toi, dis-moi, que fais-tu pour avancer ?
Un, deux, trois… debout, ne jamais reculer !

Suis ta route, brise tes peurs,
Écoute battre ton âme-cœur,
Moi, je suis en terre happy,
Prends ma main, rallume ta vie.

On m'a souvent dit...

On m'a souvent dit que j'étais une extraterrestre,
Trop différente, un peu trop céleste,
Quand j'ai compris que j'étais une extra-terrestre,
J'ai vu leur monde, si froid, si modeste.

On m'a dit : « Toi, tu es extraordinaire ! »,
Mais c'était plus extra que ordinaire,
Trop de couleurs dans leurs nuits pâles,
Trop de lumière sous leur voile.

On m'a souvent dit que j'étais extralucide,
Je me suis trouvée surtout extra et lucide,
Voir trop clair, ça les effraie,
Le flou rassure, la vérité efface les faits.

On m'a souvent dit que j'étais extrêmement,
Mais j'étais juste extrême, et je ne mens pas,
À vouloir trop, à brûler fort,
On trouble ceux qui dorment encore.

On m'a souvent dit que j'étais extravagante,
Mais être libre, c'est éclatant,
Je suis surtout femme, féminine c'est clair,
Et je vous emmerde, à ma manière.

On m'a souvent dit que j'étais extra-sensible,
Trop d'émotions, c'est incompréhensible,
Mais sentir fort, c'est être en vie,
Pas s'éteindre sous l'oubli.

On m'a souvent dit que j'étais extra-rêveuse,
Perdue trop loin dans mes songes brumeux,
Mais leur réel manque de magie,
Je préfère m'imaginer dans l'infini.

On m'a souvent dit que j'étais extra-folle,
Que je dansais trop loin des protocoles,
Mais si la norme est sans éclat,
Je choisis l'ivresse, et puis voilà.

On m'a souvent dit que j'étais extra-seule,
À fuir la foule et ses fariboles,
Mais mieux vaut l'ombre que l'ennui,
Mieux vaut l'exil que l'à-peu-près d'autrui.

On m'a souvent dit, on dira encore,
Que je suis extra, que je m'égare trop fort,
Mais être extra, c'est être en feu,
Et moi, je flambe, c'est bien mieux.

J'm'en ballec

J'm'en ballec des lois du troupeau,
De leurs chemins tracés bien trop tôt,
Je préfère marcher hors des lignes,
Même si le vent parfois me brime.

J'm'en ballec des rôles sans âme,
Des titres creux, des vies en flammes,
Moi, je vis sans masque, sans peur,
Sans plier face aux censeurs.

J'm'en ballec des qu'en-dira-t-on,
Des mots futiles, des sons sans fond,
Si ça te gêne, passe ta route,
Moi, je danse sans aucun doute.

J'm'en ballec des bruits jaloux,
De leurs ragots qui tournent en boucle,
À force d'aigreur et de mépris,
Ils s'égarent, moi je grandis.

J'm'en ballec des regards obliques,
Des jugements pleins de tactiques,
Derrière leurs sourires forcés,
Se cachent des âmes fissurées.

J'm'en ballec des leçons futiles,
Des "tu devrais" sans équilibre,
Je trace ma route, je fais mon pas,
Loin des rumeurs et du blabla.

J'm'en ballec des masques dorés,
Des vies jouées, des ombres figées,
Moi, je vis, je ris, je pleure,
Sans faux-semblants, sans mots moqueurs.

J'm'en ballec des amitiés de vent,
De ceux qui changent en un instant,
Le temps révèle et met à nu,
Moi, j'avance, eux ne sont plus.

J'm'en ballec, t'as bien compris,
Libre d'être moi, c'est ça la vie,
Ni chaînes, ni freins, ni dictature,
Juste l'écho pur de mon allure.

J'm'en ballec des cases qui exploitent,
De vos schémas aux portes étroites,
Je pense en grand, je vois plus haut,
Pendant que d'autres rampent bien trop.

J'm'en ballec de vos reflets brisés,
De vos vérités maquillées,
Moi, je danse et fais mon choix,
Pendant que vous pliez sous la loi.

Levez-vous, brisez vos chaînes,
Laissez vos cœurs fuir la peine,
Soyez libres, soyez entiers,
C'est ainsi qu'on apprend à briller.

Douce amitié

Douce amitié, à tes côtés, je veux rester,
Dans ton éclat, me réfugier,
Un doux sourire pour m'apaiser,
Un tendre élan pour m'élever.

Douce amitié, un bel échange en vérité,
Un sentiment pur et sacré,
Un lien que rien ne peut briser,
Un fil d'or à jamais tissé.

Douce amitié, source de joie et de clarté,
Par ton amour, tout est léger,
Un doux parfum d'éternité,
Un bel espoir pour avancer.

Douce amitié, dans chaque épreuve à mes côtés,
Un doux regard pour me guider,
Un vent léger dans mes pensées,
Un bel écho pour m'apaiser.

Douce amitié, dans le silence ou les clartés,
Un doux éclat pour rayonner,
Un tendre appui pour me porter,
Un bel instant d'éternité.

Douce amitié, comme une étoile à mes côtés,
Un feu discret pour réchauffer,
Un doux refrain à murmurer,
Un bel éclat pour m'enchanter.

Elle aime

Elle aime d'un amour doux et profond
Un amour qui imprègne,
Qui s'infiltre comme une pluie d'été,
Lentement, patiemment, Jusqu'à toucher l'âme nue.

Elle aime d'un amour qui ne brise rien,
Qui répare les fissures anciennes,
Recoud les blessures oubliées,
Et réinvente les lendemains.

Elle aime d'un amour qui construit, pierre après pierre,
Un refuge pour les rêves,
Une maison pour les cœurs fatigués,
Un tremplin pour oser demain.

Elle aime d'un amour clairvoyant,
Qui n'aveugle pas,
Mais révèle les chemins cachés,
Donne la vue aux âmes égarées.

Elle aime avec constance,
Avec cette ferveur tranquille,
Qui embrase doucement,
Et mène à la jouissance d'être deux,
Sans jamais se consumer.

Car un coup de foudre, ça éclate dans le ciel
Et disparaît dans l'instant,
Mais un coup de cœur, ça s'enracine sous la peau,
Ça dure longtemps, jusqu'à devenir sacrement,
Jusqu'à devenir évidence.

Elle aime comme ça.
D'un amour qui ne fait pas de bruit,
Mais qui résonne pour l'éternité.

Pourquoi ?

Pourquoi toujours se méfier,
D'une âme douce et dévouée,
Pourquoi vouloir se replier,
Face à un cœur prêt à donner ?

Pourquoi fermer son horizon,
À celui qui n'a que de l'amour,
Et offrir sans raison,
À celui qui trahit chaque jour ?

Pourquoi repousser la lumière,
Quand l'ombre envahit notre nuit ?
Pourquoi confier notre misère,
À ceux qui sèchent la pluie ?

Pourquoi éteindre une étincelle,
Quand elle voulait juste briller,
Et s'attacher à l'étreinte cruelle,
Qui ne fera que nous briser ?

Pourquoi tourner le dos au sage,
Qui n'offre que sincérité,
Et s'enchaîner dans un mirage,
D'illusions et de vanité ?

Pourquoi fermer porte et serrure,
À celui qui veille en secret,
Et livrer son âme aux blessures,
De ceux qui trompent et disparaissent ?

Pourquoi l'amour vrai fait-il peur,
Quand le poison passe sans bruit ?
Pourquoi offrir son cœur en leurre,
À ceux qui n'en font qu'un débris ?

Pourquoi l'espoir se fait silence,
Quand le mensonge crie si fort ?
Pourquoi l'on fuit quand tout commence,
Et s'accroche quand tout est mort ?

Vibration de l'âme

Dans l'ombre claire des révélations,
L'énergie danse en adéquation,
Une équation d'amour et de feu,
Où l'infini murmure à Dieu.

L'explication n'est qu'un mirage,
Car l'âme n'a point d'obligation,
Elle s'élève, libre d'otages,
Au rythme doux de l'extraction.

Des ondes pures, en vibration,
Traversent l'écho du silence,
Sensibilisation en action,
Ouvrant les portes de l'immense.

L'émotion fuse en mille éclats,
Brûlante étoile en ascension,
Excitation du cœur en pas,
Sur l'orbe d'une intention.

Si on m'avait dit…

Si on m'avait dit qu'il faut tant espérer,
Qu'avant de trouver, il faut parfois tomber,
Que l'amour se construit au fil des silences,
Et qu'il naît doucement, loin de l'évidence…

Si on m'avait dit qu'un jour, sans prévenir,
Quelqu'un viendrait simplement me faire sourire,
Qu'un regard sincère peut tout apaiser,
Sans promesse en l'air, juste en étant là, vrai…

Si on m'avait dit qu'un geste, une présence,
Pourrait réchauffer l'ombre d'une absence,
Que l'on reconnaît parfois sans savoir,
Ce cœur familier croisé par hasard…

Si on m'avait dit que l'amour grandit,
Pas dans les éclats, mais dans ce qu'on bâtit,
Qu'il fleurit parfois loin des grands discours,
Et qu'il se prouve surtout chaque jour…

Si on m'avait dit qu'il guérit les peines,
Qu'il donne un sens aux choses incertaines,
Qu'il ouvre les yeux, qu'il fait croire encore,
En des lendemains plus forts …

Si on m'avait dit qu'un simple sourire,
Peut tout changer, peut tout faire revivre,
Qu'une voix, un mot, une main tendue,
Peut éclairer des chemins perdus…

Si on m'avait dit que l'amour, le vrai,
Est fait de présence, de choix et de paix,
Qu'il ne crie pas fort, mais reste toujours,
Je l'aurais cru… et attendu ce jour.

Zen'ial

Je voulais être médecin et tout a viré,
Aujourd'hui, mon âme s'est éveillée,
Magnétisée pour la guérison,
Toucher les cœurs, sans condition.

Médiumnité, parler à une âme,
Là où l'invisible allume sa flamme,
Énergiser, donner l'énergie universelle,
Offrir la paix, lumière éternelle.

Symboliser et analyser,
Les signes cachés, les maux apaisés,
Au-delà, parler avec nos âmes et nos défunts,
Briser le voile des lendemains.

Former et faire perdurer,
Que le savoir puisse vibrer,
Initier une autre forme de pensée,
Élever l'esprit vers l'immensité.

Canaliser et redonner grâce,
La générosité comme seule trace,
Expérimenter chaque parcelle de l'âme,
Explorer l'infini sans une larme.

Guérir l'âme et le corps blessé,
Réveiller l'espoir qu'on croyait brisé,
Par l'énergie, offrir la lumière,
Apaiser les cœurs d'un souffle éphémère.

Les maux s'effacent sous les mains posées,
Flux invisible, douceur osée,
Canal de force, d'amour sans fin,
Unir la terre aux cieux lointains.

L'esprit s'élève, les peines s'envolent,
Les âmes murmurent, les destins se frôlent,
Là où la science atteint sa limite,
L'énergie danse et l'ombre s'effrite.

Par les symboles et les mots sincères,
Je tends ma main, souffle sur la terre,
Parler aux âmes, entendre leur chant,
Guérir le temps, vibrer au présent.

Former, transmettre, semer les graines,
Que l'univers jamais ne freine,
Offrir la paix, soigner sans chaînes,
Alléger l'être, chasser sa peine.

Créer, renaître, sans fin explorer,
Chaque instant sacré, chaque note à chanter,
Bienvenue ici, où l'âme s'incline,
Zen'ial, un havre, un art qui illumine

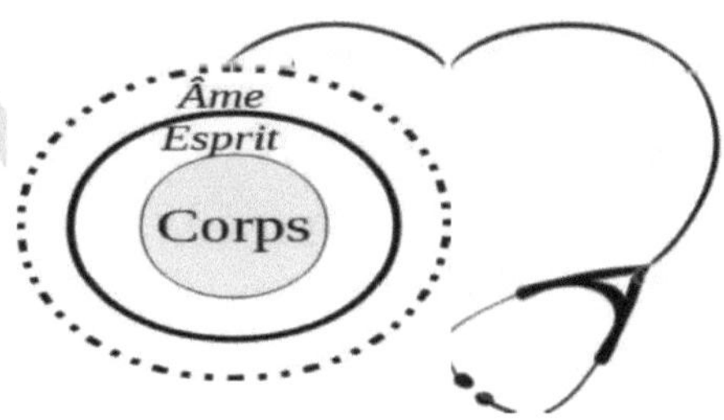

La positivité

La positivité,
C'est moi qui l'ai inventée,
C'est pas possible autrement…
Bon, d'accord, je mens.

Mais il vaut mieux en rire,
Et surtout en sourire,
Je suis une winneuse,
Une vraie gagneuse.

Oui, c'est pas français,
Mais c'est franc, tu le sais,
Qu'as-tu à redire
Sur tout ce qui m'a fait grandir ?

Toi qui restes là à stagner,
Pendant que je continue d'avancer,
Je lève mon trophée,
D'une victoire avérée.

J'avance avec le cœur léger,
Même quand les vents veulent me piéger,
Je transforme les murs en passerelles,
Les échecs en étincelles.

J'ai appris à danser sous la pluie,
À faire du bruit quand tout est gris,
Chaque chute m'a rendue plus forte,
J'ouvre la vie, j'en claque la porte.

J'ai des rêves en stock, des idées en or,
Et quand je parle, c'est avec le corps,
Mon regard brille d'ambition,
Ma voix vibre de conviction.

Je ne cherche pas à plaire à tous,
Je trace ma route, et puis c'est tout,
Car la lumière, je la porte en moi,
Et personne ne pourra l'éteindre, crois-moi.

Et sans forcer, sans blâme, ni dilemme,
J'en fais des vers, j'en fais un poème.

Renaissance

Femme courageuse,
Toujours précieuse,
Homme audacieux,
Jamais haineux.

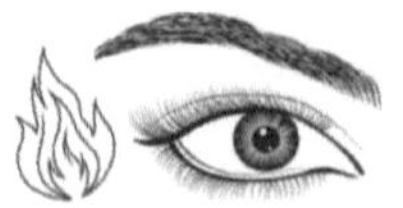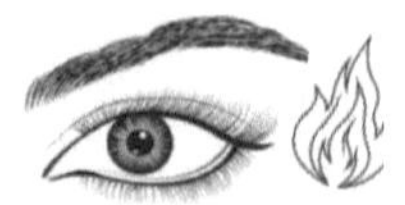

Quand l'être sincère,
Laisse tomber l'aigreur amère,
Il devient lumineux,
Sous un regard harmonieux.

Quel doux instant,
Quand le cœur est insouciant,
Qu'aucun doute ne vient,
Car on partage le même chemin.

Qu'il est beau ce visage humain,
Ce vrai visage humain, si loin du chagrin,
Qu'il est tendre ce reflet de chaleur,
Dans les prunelles, cette flamme de douceur.

Quand la bonté se donne à nu,
Ce n'est pas l'or ni les écus,
C'est l'élan pur d'un cœur rêveur,
Peut-être une rencontre de deux âmes sœurs.

Quand on capte cette vibration,
Pas dans le bruit d'une composition,
Mais dans l'écho du très haut,
Oui, j'adhère, je vibre, et c'est si beau.

Le temps fut long pour se réparer,
Mais dans les pleurs, le rire est né,
On croit guérir de ce mal profond,
Mais c'est le soi qu'on renie au fond.

Alors on se l'offre, cette revanche,
Allez, taille-moi une tranche,
De cette vie,
Pleine d'envie.

D'aller bien grâce à sa foi,
D'aller bien grâce à la chance d'être Soi.

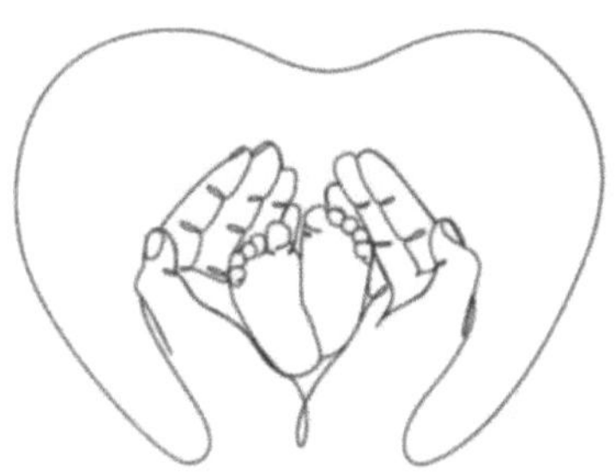

Remercions-nous

Merci pour chaque souffle, chaque matin que nous vivons,
Pour chaque larme qui nous a appris à nous relever,
Pour chaque silence où des leçons sont dissimulées.

Merci de nous avoir gardé quand tout semblait perdu,
Quand les routes se fermaient, quand nous étions à nu,
On nous a tendu la main, même quand on n'y croyait plus.

Merci pour la force née de nos faiblesses,
Pour la lumière cachée dans nos détresses,
Et pour la paix revenue après tant de tristesse.

Merci de nous inspirer, d'ouvrir vos regards,
De nous apprendre que chaque chute prépare,
Un élan, un envol, un nouveau départ.

Merci de faire battre nos cœurs avec confiance,
De nourrir en nous cette douce espérance,
Et de nous rappeler qu'il existe encore une chance.

Merci car tant que nous vivons, rien n'est jamais fini,
Et même blessés, nos âmes peuvent dire oui,
À demain, à l'amour, à la vie.

Si aujourd'hui nous doutons,
Rappelons-nous que chaque pas, même petit,
Est une victoire sur l'ombre et l'oubli.

Nous avons déjà survécu à « tant »,
Tant de nuits sans sommeil, tant de silences
pesants,
Mais nous sommes là…

Debout, vivants.

Chaque chute n'est pas une fin,
Mais une leçon, un tournant, un lien,
Vers quelque chose de plus grand, de plus sain,
Ne laissez pas le passé voler vos lendemains.

Nous avons en nous cette force, ce destin,
Ce feu qui murmure : « Avance, c'est ton chemin »,
Regardons-nous avec bienveillance,
Même les cicatrices racontent une résistance.

Et chaque larme a préparé notre renaissance,
Alors levez la tête, ouvrez grand vos bras,
Le monde attend encore ce que nous sommes,
Et ce que nous deviendrons…

Avec foi, pas à pas.

Le dernier Po'Aime, merci beaucoup d'avoir pris le temps de les lire, mais surtout, de les comprendre.

Sylvie Zen'ial

Lexique

FSC
www.fsc.org
MIXTE
Papier issu
de sources
responsables
Paper from
responsible sources
FSC® C105338

© 2025 Sylvie Zen'ial
Édition : BoD · Books on Demand, 31 avenue Saint-Rémy,
57600 Forbach, bod@bod.fr
Impression : Libri Plureos GmbH, Friedensallee 273,
22763 Hamburg (Allemagne)
ISBN : 978-2-3225-9534-1
Dépôt légal : Avril 2025